Succession de Monsieur C...

TABLEAUX

ANCIENS ET MODERNES

OBJETS D'ART ET DE CURIOSITÉ

Chinois, Japonais et Européens

ANCIENNES TAPISSERIES D'AUBUSSON

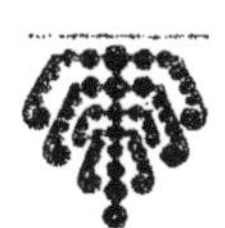

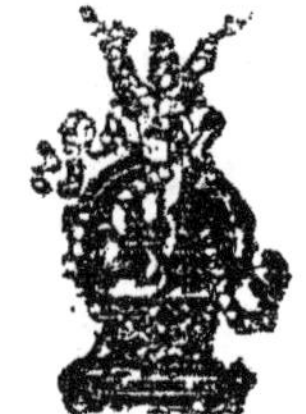

CATALOGUE

DES

TABLEAUX

ANCIENS ET MODERNES

Par

BOILLY, CALAME, FICHEL, JOURDAIN (ROGER), LELEUX,
MARCKE (VAN), MAYER (MADEMOISELLE), PRUD'HON, SCHREYER, ETC.

OBJETS D'ART ET DE CURIOSITÉ

PORCELAINES DE LA CHINE ET DU JAPON

LAQUES DU JAPON, ÉMAUX CLOISONNÉS DE CHINE

Jades et Objets divers de l'Extrême-Orient

BRONZES DE BARBEDIENNE

TAPISSERIES D'AUBUSSON DU XVIIIᵉ SIÈCLE

DONT LA VENTE APRÈS DÉCÈS DE **Monsieur C.** AURA LIEU A PARIS

HOTEL DROUOT, SALLE Nº 6

LES MARDI 7 ET MERCREDI 8 MARS 1911

à deux heures

COMMISSAIRE-PRISEUR

Mᵉ F. LAIR-DUBREUIL

6, rue Favart

EXPERTS

Pour les Tableaux :	*Pour les Objets d'art :*
M. H. HARO	**MM. MANNHEIM**
14, rue Visconti et 20, rue Bonaparte	7, rue Saint-Georges

EXPOSITIONS PUBLIQUES

Les Dimanche 5 et Lundi 6 Mars 1911, de 1 h. 1/2 à 6 heures

CONDITIONS DE LA VENTE

Elle sera faite au comptant.

Les adjudicataires paieront *dix pour cent* en sus des enchères.

ORDRE DES VACATIONS

Le Mardi 7 Mars 1911

Tableaux. . . . .   1 à 60

Le Mercredi 8 Mars 1911

Objets d'art et de curiosité. . . . .   61 à 226

Paris. — Imp. de l'Art, Ch. Berger, 41, rue de la Victoire.

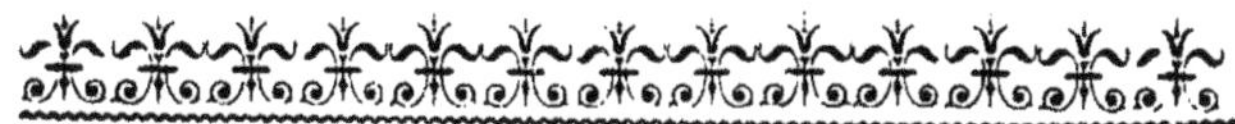

DÉSIGNATION

TABLEAUX

BAUGNIES

29

1 — *Le Musicien arabe.*

Signé en bas à gauche.

Toile. Haut., 46 cent.; larg., 39 cent.

BEAUVERIE

2 — *Le Casse-croûte. Effet de neige.*

130

Signé en bas à gauche et daté : 1872.

Toile. Haut., 41 cent.; larg., 56 cent.

BECKER

105

3 — *La Rafale.*

Gallandray

Signé en bas à gauche et daté : 72.

Toile. Haut., 50 cent.; larg., 38 cent.

BERRÉ

4 — *Le Retour du troupeau.*

175

Signé en bas à droite et daté : 1820.

Gérard

Bois. Haut., 39 cent ; larg , 46 cent.

BIDE

5 — *Intérieur de monastère.*

Signé en bas à gauche.

Toile. Haut., 46 cent.; larg., 55 cent.

BOILLY

6 — *Étude faite pour « le Spectacle gratis »*

Toile. Haut., 21 cent.; larg., 16 cent.

BOTTERO

7 — *Palais des Maures à Venise.*

Signé en bas à gauche.

Toile. Haut., 46 cent.; larg., 33 cent.

BREUGHEL

8 — *Junon aux enfers.*

Cuivre. Haut., 21 cent.; larg., 27 cent.

BRIUS

9 — *Retour de chasse.*

Signé en bas à droite.

Bois. Haut., 17 cent.; larg., 12 cent.

CALAME

10 — *Vue prise en Suisse.*

Carton. Haut., 30 cent.; larg , 49 cent.

Derrière, le cachet de la vente après le décès de l'artiste.

DEMARNE (Attribué à)

11 — *Troupeau sortant d'une ferme.*

Toile. Haut., 24 cent.; larg., 33 cent.

DEMAY

12 — *La Grand'route.*

Signé en bas à gauche et daté : *1832*.
Bois Haut., 44 cent.; larg., 62 cent.

DICK DE LONLAY

13 — *La Revue.*

Signé en bas à gauche.
Dessin à la plume.

DUVAL

14 — *Le Présent au juge.*

Deux jeunes enfants accompagnés de leurs parents
apportent un canard, une poule et des œufs au juge
assis devant sa table.
Signé en bas à droite.

Toile. Haut., 46 cent.; larg., 55 cent.

DUVIEUX

15 — *Le Campement arabe, vue prise en Algérie.*

Signé en bas à droite.
Toile. Haut., 24 cent.; larg., 41 cent.

FEYEN (Eugène)

16 — *Les Pêcheuses de crevettes.*

Au premier plan, une jeune pêcheuse, assise sur des pierres, montre à deux de ses compagnes son pied blessé. Plus loin, d'autres femmes se lavent les jambes en passant dans une mare. Au fond, la mer et la plage parsemées de pêcheuses.

Signé en bas à gauche.

Toile. Haut., 54 cent.; larg., 78 cent.

FEYEN (Eugène)

17 — *Les Laveuses.*

Dans une cour, autour du lavoir, des paysannes font la lessive. Les unes rincent leur linge dans leurs baquets, les autres raccommodent.

Signé en bas à gauche.

Bois. Haut., 14 cent.; larg., 22 cent.

FICHEL

18 — *Les Musiciens.*

Deux musiciens exécutent un duo, l'un d'eux assis sur un fauteuil est vêtu de blanc et joue du violoncelle, son compagnon vêtu de rouge est debout à côté de lui jouant du violon. Ils déchiffrent attentivement leur musique posée devant eux sur un pupitre. Au fond de la pièce, un buffet de bois sculpté surmonté de porcelaines et une pendule suspendue au mur.

Signé en bas à gauche et daté : *1861.*

Bois. Haut., 22 cent.; larg., 16 cent.

FRÈRE (Th.)

19 — *Bords du Nil. Effet de soleil couchant.*

Signé en bas à droite.

Bois. Haut., 24 cent.; larg., 35 cent.

FRÈRE (Th.)

20 — *L'Acropole d'Athènes.*

Signé en bas à droite.

Carton. Haut., 12 cent., larg., 16 cent.

GENIOLE

21 — *En Andalousie. Marchands devant un ancien monument mauresque.*

Signé en bas à gauche.

Toile. Haut., 46 cent.; larg., 56 cent.

GIRARDET (Karl)

22 — *Bords de rivière.*

Signé du monogramme à droite.

Carton. Haut., 23 cent.; larg., 36 cent.

Derrière, le cachet de la Vente après décès de l'artiste.

GIRON

23 — *La Petite Fille au chat.*

Signé en bas à droite.

Toile. Haut., 46 cent.; larg., 38 cent.

JOURDAIN (Roger)

550.

Castine Reinette

24 — *Le Bazar de tapis au Caire.*

Dans la cour d'une maison arabe, des européennes
sont venues choisir des tapis. Le marchand déplie devant leurs yeux un superbe tapis d'Orient qu'elles
regardent attentivement. Elles sont accompagnées d'un
européen et d'un serviteur arabe. Au fond, d'autres
musulmans sont assis au milieu de leurs marchandises.
En haut, de grands velums servant à abriter du soleil.
Signé en bas à gauche et daté *1875.*

Toile. Haut., 1 m. 30 cent.; larg., 1 m. 62 cent.

(*Salon de 1875.*)

JORIS

20

Cerf

**25 — *Distribution de vivres aux pauvres le jour de
Noël, à Rome.***

Signé en bas à gauche et daté : *Roma.*
Gouache.

KUWASSEG (Fils)

190

Vivel

26 — *Le Cabinet de lecture.*

Autour d'une grande table recouverte de journaux,
des hommes sont affalés. Quelques-uns lisent le journal
dans des poses amusantes et variées, tandis que d'autres dorment à poings fermés. A gauche, l'un d'eux
cherche un livre dans les casiers et à droite, la patronne,
derrière son bureau, lit les nouvelles du jour.
Signé en bas à gauche et daté : *1875.*

Toile. Haut., 59 cent.; larg., 80 cent.

KUYCK (Van)

720

Picard

27 — *Intérieur d'écurie.*

Signé en bas à droite et daté : *1861.*

Bois. Haut., 40 cent.; larg., 55 cent.

LAU WICK

28 — *La Prière dans le désert.*

Signé en bas à droite.

Toile. Haut., 1 m. 12 cent.; larg., 94 cent.

LELEUX (Armand)

29 — *La Jeune Mère.*

Dans une petite chambrette, une jeune mère de famille
est assise au chevet de son bébé qui dort. La scène est
éclairée par une lucarne en haut à gauche. Çà et là
sont pendus ou posés des ustensiles de ménage.

Signé en bas à droite.

Toile. Haut., 55 cent.; larg., 68 cent.

LELEUX (Emélie)

30 — *Le Billet doux.*

Signé en bas à droite.

Bois. Haut., 36 cent.; larg., 27 cent.

LUMINAIS

31 — *La Leçon de flûte.*

Assis sur une pierre, un vieux breton apprend la
flûte à un jeune garçon debout à sa gauche.

Signé en bas à droite.

Toile. Haut., 73 cent.; larg., 60 cent.

MARIE (Adrien)

32 — *Le Pilori.*

Signé en bas à droite et daté : 1870.
Gouache.

MARKE (Van)

33 — *Vaches au pâturage.*

Dans un pré marécageux, une vache rousse est en train de se désaltérer dans une mare, tandis qu'une autre, noire, pose sa grosse tête blanche sur l'épaule de sa compagne. Au fond, on aperçoit un petit bois. Quelques rayons de soleil éclairent le paysage.

Nous devons signaler une anomalie dans la signature : il manque un « C » au mot Marcke ; cependant elle nous paraît bien écrite par le peintre.

Signé en bas à droite.

Bois. Haut., 24 cent.; larg., 32 cent.

MAYER (Mᵐᵉ) et PRUD'HON

34 — *Nymphe lutinée par les amours.*

Une jeune nymphe, vêtue d'un voile rouge attaché à la ceinture et laissant sa poitrine découverte, se défend de l'attaque des amours. Elle leur jette l'eau de son urne et en met quelques-uns en fuite. Pendant ce temps, d'autres amours se glissent derrière elle, et munis de torches ils cherchent à l'enflammer.

Au fond, des rochers et des collines. A droite, coule une petite source où la nymphe puise son eau.

Voici ce que dit De Goncourt, à propos de ce tableau :

« Dans sa reconnaissance, il rêvait de partager son talent avec cette « amie de son cœur », il voulait l'associer à sa gloire. La preuve de cette générosité du peintre, nous la trouvons dans cette suite de neuf dessins, conservés par M. de Boisfremont et qu'on pourrait appeler l'histoire d'un tableau de Mᵐᵉ Mayer. Ce sont toutes les études d'une Naïade lutinée par les amours et qui, poussée à bout, ne sachant comment s'en débarrasser, leur jette l'eau de son urne. Il faut voir avec quelle patiente application, avec quel cœur, Prud'hon a mis, pour ainsi dire, toute la composition sous la main de Mᵐᵉ Mayer. Il y a des croquis d'ensemble, puis des études séparées où tous les détails sont cherchés et

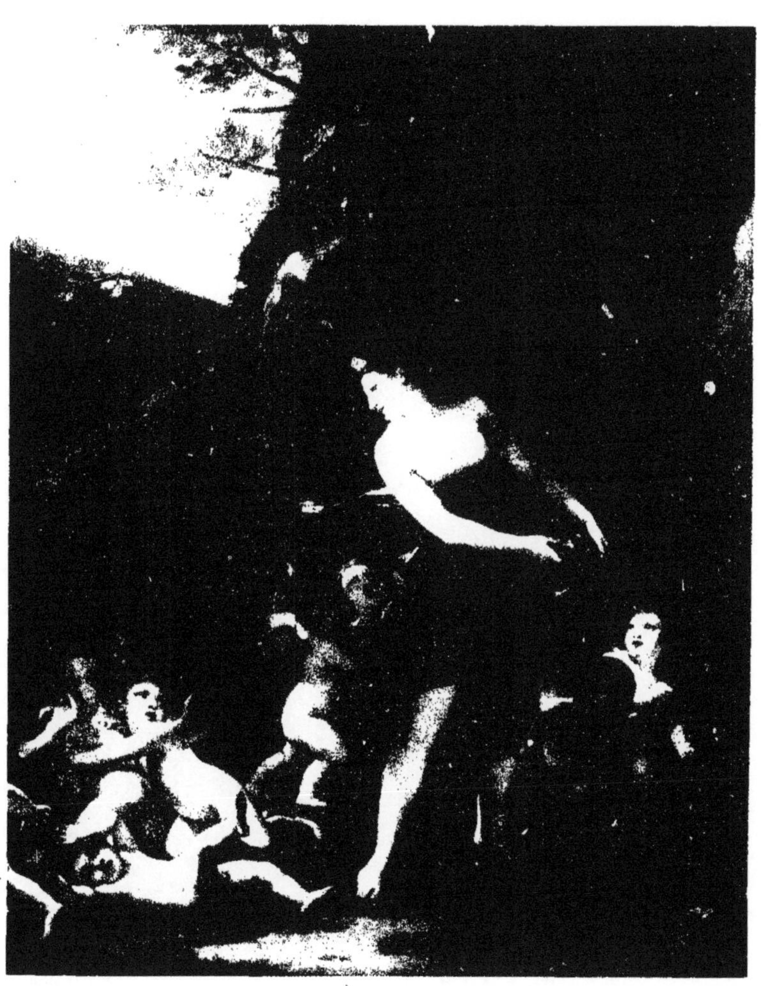

34

fixés, le mouvement de la Naïade, la débandade de la petite troupe, les culbutes des polissons nus que l'eau cingle ; puis enfin, c'est le corps de la Naïade, une des académies les plus fines, les plus parfaites qui soient sorties du crayon de Prud'hon. Mais ce n'est point assez que ces indications qui dictent à Mlle Mayer toutes les lignes de son tableau : Prud'hon veut faire passer son pinceau même dans les doigts de Mlle Mayer ; à côté des études dessinées, il y a l'esquisse peinte du tableau, où Prud'hon donne à Mlle Mayer l'accord des tons, les couleurs de la palette, tant il mit de soins à la guider, à lui souffler son inspiration, à l'approcher de son genre, tant il mit d'ardeur et de patience à essayer de lui donner un peu de son immortalité ! »

Toile. Haut., 1 m. 80 cent.; larg., 1 m. 41 cent.
(No 78 de l'Exposition des Œuvres de Prud'hon à l'École des Beaux-Arts, 1874.)

MELIDA

35 — *La Charmeuse d'oiseaux.*

Signée en bas à gauche.
Aquarelle forme éventail.

MUSIN (François)

36 — *Quai de Dortrecht.*

Signé en bas à gauche et daté : *Dortrecht.*
Bois. Haut., 42 cent.; larg., 74 cent.

PENNE (Olivier de)

37 — *La Curée.*

Au fond d'un petit vallon, les chiens sont rassemblés pour la curée, pendant que les piqueurs sonnent du cor. A gauche, les chasseurs descendus de leurs chevaux contemplent la scène. Au premier plan, trois chiens se disputent un morceau de viande.

Signé en bas à gauche.
Aquarelle.

PENNE (Olivier de)

38 — *La Piste.*

> Tenu en laisse par son maître, un chien cherche la piste du cerf dont on voit les traces sur le sable.
> Signé en bas à droite.
> Aquarelle.

PETTENKOFEN

39 — *Campement de Bohémiens.*

> Signé en bas à gauche.
> Aquarelle.

PILLE (Henri)

40 — *Le Thé.*

> Signé en bas à gauche.
> Dessin à la plume.

PORCHER

41 — *Marine. Bords de l'Adriatique.*

> Signé en bas à gauche.
> Toile. Haut., 47 cent.; larg., 80 cent.

POTTER

42 — *Les Bords de l'étang.*

> Signé en bas à droite.
> Toile. Haut., 41 cent.; larg., 60 cent.

PRUD'HON

43 — *Etude pour « La Nymphe lutinée par les amours ».*

> Dessin au crayon noir rehaussé de blanc.

PRUD'HON

120

Leclere

44 — *Étude pour « La Nymphe lutinée par les amours ».*

Dessin au crayon noir rehaussé de blanc.

RAFFET

150

45 — *La Margessa.*

Signé en bas à droite et daté : *1859.*

Bois. Haut., 19 cent.; larg., 26 cent.

RAGOT

85

46 — *La Joueuse de mandoline.*

Signé en bas à gauche.

Bois. Haut., 35 cent , larg., 27 cent.

ROBERT

45

47 — *La Leçon de chant au couvent.*

Signé en bas à gauche et daté : *1871.*

Bois. Haut., 35 cent.; larg , 27 cent.

ROEHN

360

Bérard

48 — *La Lecture du Journal.*

A l'intérieur de l'échope d'un savetier, plusieurs hommes sont réunis et causent. L'un d'eux, debout à gauche, commente les nouvelles du jour, attentivement écouté par ses trois compagnons. Pendant ce temps, par la porte ouverte, un homme, en passant, embrasse une jeune femme. A droite, une marmite cuit sur un petit fourneau.

Signé en bas à droite et daté : *1830.*

Toile. Haut., 81 cent.; larg., 65 cent.

ROEHN

49 — *Les Chiens savants.*

Signé en bas à gauche.

Toile. Haut., 32 cent.; larg., 24 cent.

ROEHN

50 — *Le Passage du gué.*

Signé en bas à droite.

Carton forme ronde. Diam., 10 cent.

ROEHN

51 — *L'Aumône.*

Assis devant l'aveugle, son fidèle caniche tient dans sa gueule la sébille et un jeune garçon accompagné de sa mère y dépose une aumône.

Signée en bas à gauche.

Toile. Haut., 33 cent.; larg., 25 cent.

ROUX (A.)

52 — *Une Rue à Royat.*

Dans une pittoresque et étroite ruelle, une jeune femme est assise sur les marches, au bas d'une porte et dévide sa quenouille, tandis qu'arrive un troupeau d'oies poussé par une petite paysanne. Quelques rayons de soleil éclairent le haut des maisons.

Signé en bas à gauche.

Toile. Haut., 97 cent.; larg., 77 cent.

(*Salon de 1867.*)

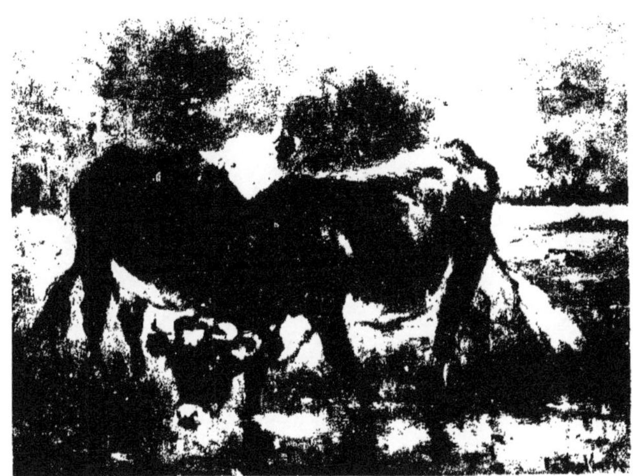

33

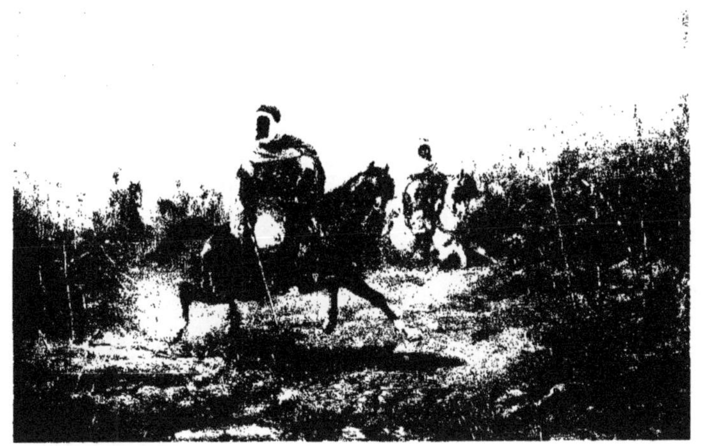

54

ROZIER (Jules)

53 — *La Route ; paysage. Effet de neige*.

Signé en bas à droite.

Bois. Haut., 26 cent.; larg., 13 cent.

SCHREYER

54 — *Les Cavaliers arabes*.

Quelques cavaliers arabes opèrent une reconnaissance. Leur chef, qui galope à leur tête, monté sur un vigoureux petit cheval brun, inspecte l'horizon, cherchant à découvrir l'ennemi; d'une main, il tient les rênes de son coursier, et de l'autre, un fusil. Il est vêtu d'un burnous blanc recouvert d'un manteau rouge et quelques décorations décorent sa poitrine. Derrière, suivent ses soldats qui se fraient un chemin à travers les broussailles. Un soleil intense illumine toute la scène.

Signé en bas à droite et daté : 62.

Bois. Haut., 30 cent.; larg. 46 cent.

SCHUTZE

55 — *Chat à l'affût*.

Signé en bas à gauche et daté : 72.

Toile. Haut., 56 cent.; larg., 46 cent.

SINIBALDI

56 — *Marché en Espagne*.

Signé en bas à gauche.

Bois. Haut., 37 cent.; larg., 18 cent.

TRAYER

57 — *Jeunes Bretonnes.*

> Signé en bas à droite.
>
> > Bois. Haut., 43 cent.; larg., 34 cent.

TRAYER

58 — *La Leçon de couture.*

> Signé en bas à gauche.
>
> > Toile. Haut., 56 cent.; larg., 47 cent.

WORMS

59 — *La Jeune Cuisinière.*

> Une jeune cuisinière prépare le chocolat, pendant qu'un petit garçon lui tient compagnie.
> Signé en bas à droite.
>
> > Bois. Haut., 32 cent.; larg., 25 cent.

60 — Sous ce numéro seront vendus les tableaux et dessins non catalogués.

PORCELAINES

DE LA CHINE ET DU JAPON

61 — Écritoire en poterie du Japon, décorée d'un paysage entouré d'une grecque.

62 — Deux gourdes en céramique japonaise, décorées d'oiseaux et de branchages.

63 — Boite lenticulaire en poterie du Japon, décorée de deux divinités.

64 — Figurine de femme portant une grosse hotte en poterie du Japon.

65 — Théière, décorée de personnages et de fleurs, en poterie du Japon.

66 — Boite hexagone à compartiments superposés en poterie ajourée du Japon.

67 — Boite lenticulaire, décorée d'une femme et de deux enfants dans un jardin. Poterie du Japon.

68 — Plat creux, orné de trois personnages, chute émaillée vert. Poterie du Japon.

69 — Petit flacon en poterie du Japon, décoré de feuillages sur fond jaunâtre. (*Vente Marquis.*)

70 — Petit encrier quadrilatéral surbaissé en poterie émaillée vert du Japon.

71 — Statuette en grès du Japon : le Dieu de longévité.

72 — Deux carpes en porcelaine du Japon.

73 — Statuette en porcelaine du Japon de divinité
tenant la pêche de longévité et vêtue de bleu.

74 — Siège, en forme de tonnelet, décoré de dragons en relief. Porcelaine du Japon.

75 — Deux encriers avec couvercles, en forme de
coquillages, entourés eux-mêmes d'autres coquillages. Porcelaine du Japon.

76 — Eléphant couché en porcelaine du Japon, sur
base contournée en laque du Japon.

77 — Vase-balustre à petit col, décoré, sur fond simulant le bronze, d'oiseaux sur des rochers.
Porcelaine du Japon.

78 — Statuette de personnage assis en céladon vert,
avec tête et mains réservées en biscuit brun.
Travail japonais.

79 — Flacon ovoïde à pans, orné d'un personnage en
relief. Porcelaine du Japon.

80 — Buffle couché en porcelaine du Japon.

81 — Statuette de divinité, rehaussée de bleu et debout sur les flots. Porcelaine du Japon.

82 — Figurine d'enfant riant, assis sur une feuille.
Porcelaine du Japon rehaussée de bleu.

83 — Statuette de guerrier japonais en porcelaine
blanche du Japon.

84 — Statuette de divinité accroupie en porcelaine
blanche du Japon.

85 — Tasse et soucoupe en ancienne porcelaine de
Chine, décor de paysages dans des réserves
irrégulières se détachant sur fond rouge chargé
de rinceaux dorés.

86 — Cage à grillons, de forme sphérique, en ancienne porcelaine de Chine ajourée, décorée de
médaillons contenant des fleurs.

87 — Plat creux, décoré en bleu de deux dragons
au milieu des flammes. Ancienne porcelaine de
Chine.

88 — Petite jardinière ronde en ancien céladon gris
craquelé de la Chine.

89 — Deux cornets, décorés de longues inscriptions
en léger relief sur fond jaune. Ancienne porcelaine de Chine, portant le nien-hao de Tching-hoa
(1465-1488).

90 — Cornet, décoré de rinceaux fleuris en bleu et
rouge. Ancienne porcelaine de Chine, époque
Kien-lung (1736-1796).

91 — Grosse bouteille en ancienne porcelaine de Chine, époque Kien-lung, flambée rouge violacé, sur fond gris craquelé.

92 — Grosse bouteille, décorée sur fond jaune de deux chiens de Fô. Ancienne porcelaine de Chine, époque Kien-lung.

93 — Petite tasse avec sa soucoupe en ancienne porcelaine de Chine, époque Kien-lung, décorée d'éventails et d'imbrications.

94 — Tasse et soucoupe en ancienne porcelaine de Chine, époque Kien-lung, décor de personnages en train de manger.

95 — Tasse et soucoupe en ancienne porcelaine de Chine, époque Kien-lung, décor de personnages occupés à boire et à fumer.

96 — Petite gourde en ancienne porcelaine de Chine, époque Kien-lung, émaillée bleu pâle jaspé.

97 — Deux bols, décorés d'oiseaux et de dragons, en ancienne porcelaine de Chine, époque Kien-lung.

98 — Petite bouteille, décorée d'un arbuste en rouge et or. Ancienne porcelaine de Chine, époque Kien-lung.

99 — Pitong quadrilatéral en ancienne porcelaine de Chine, époque Kien-lung, décor de personnages et d'inscriptions.

100 — Vase quadrilatéral en ancienne porcelaine de Chine, époque Kien-lung, décor de rinceaux en blanc sur fond gris-verdâtre. Il est muni de petites anses en forme de figurines.

101 — Petit vase surbaissé et quadrilatéral, décoré de feuillages et papillons en couleurs sur fond jaune. Ancienne porcelaine de Chine, époque Kien-lung.

102 — Coq, grandeur nature, décoré au naturel, en ancienne porcelaine de Chine, époque Kien-lung.

103 — Support hexagone, décoré d'ustensiles, en ancienne porcelaine de Chine, époque Kien-lung. (*Vente Marquis.*)

104 — Appuie-tête, de forme rectangulaire, décoré d'ustensiles, en ancienne porcelaine de Chine, époque Kien-lung.

105 — Bouteille, décorée d'un dragon au milieu des flammes sur fond vermiculé. Ancienne porcelaine de Chine, époque Kien-lung.

106 — Vase, décoré d'un papillon sur fond rouge foie de mulet. Ancienne porcelaine de Chine, époque Kien-lung.

107 — Deux pots sphériques avec couvercles, à décor de jeux d'enfants dans des paysages. Porcelaine de Chine, fin de l'époque Kien-lung.

108 — Deux vases à petits cols bas, décorés de paysages animés de nombreux personnages. Porcelaine de Chine, fin de l'époque Kien-lung.

109 — Deux statuettes-appliques de personnages étendus, vêtus de vert et jaune, en porcelaine de Chine, fin de l'époque Kien-lung.

110 — Tomate en porcelaine rouge de la Chine.

111 — Vase, orné d'un paysage montagneux animé de personnages. Porcelaine de Chine.

112 — Deux plateaux simulant des feuilles aquatiques, émaillés bleu empois. Porcelaine de Chine.

113 — Deux vases en porcelaine de Chine flambée rouge et violet.

114 — Deux pots ovoïdes avec couvercles, à décor de dragons au milieu des flammes en bleu. Porcelaine de Chine.

115 — Deux vases à panse cylindrique et col évasé, en porcelaine de Chine flambée rouge violacé. Bases en bronze.

116 — Petit vase, décoré de branchages en bleu sur fond jaune clair. Porcelaine de Chine.

117 — Gourde à deux anses, décorée de caractères d'écriture et de motifs irréguliers. Porcelaine de Chine.

118 — Vase, muni d'anneaux simulés et à surface irrégulière bariolée. Porcelaine de Chine.

119 — Très petite bouteille, décorée de deux personnages. Porcelaine de Chine.

120 — Vase-balustre en porcelaine craquelée et flambée de la Chine.

121 — Deux statuettes de personnages assis sur un dragon, en terre vernissée de la Chine.

LAQUES DU JAPON

122 — Sabre japonais, à fourreau laqué noir.

123 — Boîte rectangulaire en laque du Japon, décorée de personnages accroupis auprès d'un vase sur fond rouge.

124 — Cinq petites boîtes rectangulaires en laque du Japon, à décor de branchages et ustensiles sur fond aventurine.

125 — Quatre petites boîtes rectangulaires en laque du Japon, à décor de personnages sur fond noir poudré d'or.

126 — Inro en laque du Japon avec applications de nacre, décor de branches fleuries sur fond or.

127 — Petite boîte, de forme contournée, décorée de compartiments irréguliers à fond bleu cuivreux et argenté. Laque du Japon.

128 — Petit plateau oblong en laque du Japon, décoré d'une branche de chrysanthèmes sur fond aventurine.

129 — Boîte ronde en laque d'or du Japon, décorée de branches fleuries.

130 — Peigne en laque d'or du Japon, avec applications de corail.

131 — Boîte carrée, de forme haute, en laque du Japon, décorée de plantes laquées or, sur fond aventurine.

132 — Coupe sur pied bas, décorée sur fond rouge d'une multitude d'éventails laqués or. Laque du Japon.

133 — Écritoire, de forme carrée, en ancienne laque du Japon, décorée sur le couvercle de trois éventails ouverts sur fond aventurine.

ÉMAUX CLOISONNÉS

DE LA CHINE

131 — Petite table rectangulaire en bronze, ornée d'une grande plaque en ancien émail cloisonné de la Chine, à décor de vases de fleurs et ustensiles sur fond bleu.

135 — Deux potiches avec couvercles, décorées de plantes aquatiques, de lambrequins et d'oiseaux sur fond bleu. Ancien émail cloisonné de la Chine.

136 — Deux vases en ancien émail cloisonné de la Chine, à décor de branches fleuries sur fond bleu. Montures en bronze.

137 — Grande jardinière quadrilobée, décorée d'arbustes, de rochers et d'insectes sur fond bleu. Ancien émail cloisonné de la Chine.

138 — Coupe en ancien émail cloisonné de la Chine, à décor de fleurs et oiseaux sur fond bleu.

139 — Coupe ronde en émail cloisonné de la Chine, décor de branches fleuries sur fond bleu.

140 — Petite bouteille en ancien émail cloisonné de la Chine, décorée de motifs irréguliers sur fond bleu.

141 — Petite boîte carrée en ancien émail cloisonné de la Chine, décorée de motifs irréguliers sur fond bleu.

MATIÈRES DURES

DE LA CHINE

142 — Presse-papier, en forme de plante aquatique, en jade gris tacheté de rouille, de travail chinois.

143 — Vase quadrilatéral à anses composées d'un dragon, décor de zones et de motifs irréguliers. Jade gris de la Chine.

144 — Vase-balustre, décoré de motifs irréguliers et de caractères d'écriture, avec lambrequins au col. Jade vert de la Chine.

145 — Petite coupe ronde à anses dragons, décor de rangées de petits globules. Jade gris de la Chine.

146 — Gourde, de forme aplatie, en jade gris de la Chine, décorée sur chaque face d'un paysage entouré de motifs irréguliers. De chaque côté du col, une petite anse prise dans la masse.

147 — Boîte, en forme de gros fruit, en jade gris de la Chine. Cette boîte est entourée de chauves-souris et de branchages pris dans la masse et dont les rameaux entrelacés réunissent le couvercle à la pièce.

148 — Encrier en cornaline à deux couches, en forme de fruit, avec branchages en relief. Travail chinois.

149 — Fruit en agate blonde mamelonnée de la Chine, avec branches feuillagées et chauves-souris.

150 — Petite coupe à deux anses prises dans la masse, en agate blonde mamelonnée de la Chine.

151 — Encrier en cristal de roche de la Chine, formé d'une sphère le long de laquelle rampent deux salamandres. Base en ivoire teinté de la Chine.

152 — Statuette de personnage debout en cristal de roche, de travail chinois, sur base en lapis garnie d'argent gravé.

153 — Gros cachet en pierre de lard, de travail chinois, orné d'une figure de personnage accroupi.

154 — Écritoire en pierre de lard de la Chine, formée d'un groupe de nombreux chiens de Fô.

OBJETS VARIÉS

DE LA CHINE ET DU JAPON

155 — Boîte, de forme rectangulaire, en bois dur avec applications de nacre, de lapis, de malachite, etc. Elle est décorée, sur le couvercle, d'un cavalier dans un paysage et, sur le pourtour, de paysages animés d'une multitude de personnages. Ancien travail chinois.

156 — Gros flacon-tabatière en verre de couleur, décoré d'une multitude de chevaux. Travail chinois.

157 — Bouteille, de travail chinois, en verre à trois couches, décorée de salamandres sur fond brun.

158 à 163 — Environ trente-neuf groupes et netzukés du Japon en bois et ivoire. (Seront divisés.)

164 — Cinq boutons en ivoire du Japon.

165 — Petite boîte rectangulaire en ivoire du Japon, décorée d'un personnage laqué or et couleurs.

166 — Petite boîte cylindrique à compartiments superposés, décor de fleurs; ivoire laqué du Japon.

167 — Petit vase, de forme ronde, en ivoire du Japon avec applications d'ivoire teinté, de nacre, etc., décor d'animaux dans trois médaillons.

168 — Gros pitong, décoré de personnages, en ivoire du Japon partiellement laqué.

169 — Écran de table en bois sculpté, avec applications d'ivoire et de nacre. Travail japonais.

170 — Figurine de personnage sur un éléphant, bois sculpté. Travail du Japon.

171 — Gros pitong cylindrique en bois sculpté, décoré de paysages animés. Travail chinois.

172 — Petit écran en bois ajouré, avec feuille en satin brodé présentant des arbustes et une multitude d'oiseaux. Travail chinois.

173 — Statuette en pierre sculptée du Japon : le Dieu de longévité auprès du cerf.

174 — Figurine de divinité japonaise accroupie en plomb.

175 — Deux petites bouteilles en fer partiellement argenté et doré, à décor de plantes aquatiques. Travail japonais.

176 — Boîte, de forme contournée, en fer damasquiné et avec applications, décor de dragons, de fleurs et de carrelages. Travail japonais.

177 — Cabinet minuscule en cuivre gravé à fleurs. Travail japonais.

178 — Brûle-parfums oblong à deux anses surélevées et sur quatre pieds, ancien bronze de la Chine, couvercle et base en bois, avec bouton de couvercle en cornaline.

179 — Vase, à col évasé, en manière de plateau, en bronze du Japon, décor de tortues.

180 — Deux gros brûle-parfums, de forme ronde, avec couvercles, en bronze du Japon, décor de personnages en relief.

181 — Deux vases en bronze du Japon, décorés de dragons en relief au milieu des flots.

182 — Deux petites tortues en bronze du Japon.

183 — Statuette en bronze du Japon du dieu de longévité auprès du cerf.

184 — Deux vases fuselés à surface cotelée, décorés d'oiseaux et de fleurs. Bronze du Japon.

185 — Insecte en bronze du Japon.

186 — Deux petits flacons en bronze du Japon, avec applications d'argent, décor de fleurs.

187 — Petit flacon quadrilatéral en bronze du Japon incrusté d'argent.

188 — Petit cornet à deux anses en bronze du
Japon.

189 — Presse-papier, en forme de dragon, en
bronze du Japon.

190 — Figurine de personnage accroupi auprès
d'un tonnelet. Bronze du Japon.

191 — Deux kakémonos japonais, dont un dans un
étui en bambou.

192 — Foukousa en satin bleu, avec broderie à personnages. Japon.

193 — Tunique en soie rouge brodée de la Chine.

OBJETS VARIÉS

EUROPÉENS

TAPISSERIES

194 — Deux petites tasses, décorées de fleurs, en
ancienne porcelaine de Venise.

195 — Vase à deux anses en biscuit de Wedgwood,
à composition de style antique en blanc sur
fond noir.

196 — Deux petits hanaps en filigrane d'argent.

197 — Deux petites corbeilles en filigrane d'argent.

198 — Deux porte-tasses en filigrane d'argent, de
travail oriental.

199 — Petite boite en filigrane d'argent, ornée d'un
émail du temps de Louis XIII.

200 — Deux statuettes de mendiants en bois et
ivoire sculptés.

201 — Petit flacon en verre blanc émaillé de fleurs.
XVIIIe siècle.

202 — Boite ronde en marbre, avec couvercle orné
d'une mosaïque de Rome, monture en or.

203 — Deux petits médaillons ronds en mosaïque
de Florence, présentant l'un une coupe, l'autre
un vase. Encadrés.

204 — Petit tableau en mosaïque de Florence, présentant un personnage tirant son sabre.

205 — Deux bustes en marbre blanc, grandeur nature, de femmes figurant l'Hiver et l'Été. Signés :
Carrier.

206 — Figurine de Voltaire, assis, en bronze, sur
base en marbre rouge griotte. Époque Restau-
ration.

207 — Deux petits bustes en bronze de personnages orientaux. *Maison Tahan*. Socle en marbre
rouge et noir.

208 — Statuette en bronze de *Barbedienne :* le Pen-
seur, de MICHEL-ANGE. Base en bois.

209 — Groupe en bronze de *Barbedienne*, de COY-
SEVOX : Faune et enfant.

Haut., 91 cent.

210 — Buste en bronze de *Barbedienne :* Diane de
Poitiers, de JEAN GOUJON.

211 — Statuette en bronze de *Barbedienne :* le Ti-
reur d'épine, d'après l'antique.

160

212 — Statuette en bronze de *Barbedienne :* Petit pêcheur à la tortue, de RUDE.

395

213 — Statuette en bronze de *Barbedienne :* Arlequin, de SAINT-MARCEAUX.

Haut., 85 cent.

355

214 — Statuette en bronze de *Barbedienne :* le Chanteur florentin, de PAUL DUBOIS.

Haut., 76 cent.

660

215 — Groupe en bronze de *Barbedienne :* l'Éducation maternelle, de DELAPLANCHE.

Haut., 53 cent.

250

216 — Chien à l'arrêt ; bronze, de MÈNE.

400

217 — Cavalier arabe en bronze, de MÈNE.

218 — Chien couché en bronze, de FRÉMIET.

245

219 — Statuette en bronze représentant un Incroyable, de d'EPINAY.

800

220 — Cinq statuettes, en bronze, de paysans russes debout, de JACQUES.

221 — Grande applique en bronze ajouré, présentant un dragon sur un filet.

570

222 — Grand meuble, fermant au moyen de deux coulisses, et avec portes pleines imitant des coulisses à la partie supérieure. Fin du XVIIIe siècle.

Haut., 2 m. 55 cent ; larg., 1 m. 25 cent.

223 — Deux panneaux en étoffe orientale.

224 — Tenture en tapisserie d'Aubusson du XVIIIᵉ
siécle, présentant des paysages animés d'oiseaux et ornés de kiosques et d'habitations.

225-226 — Deux tapis d'Orient.

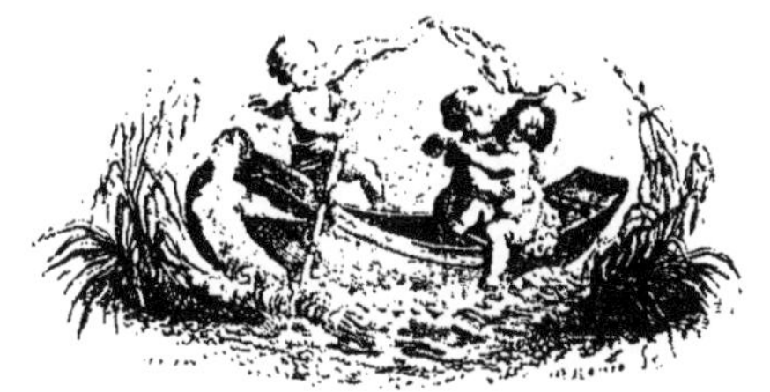

9 782329 519067